Loi n° 49-956 du 16 juillet 1949
sur les publications destinées à la jeunesse.
© Éditions Nathan, 2008.
© Éditions Nathan, 2011 pour la présente édition.
ISBN : 978-2-09-253324-6
N° d'éditeur : 10174113
Dépôt légal : mai 2011
Imprimé en Asie

D'où ça vient ?

Texte d'**Isabelle Mignard** et **Marie Parade**
Illustrations de **Danièle Schulthess**

La cuisine

Humm, ça sent drôlement bon ! Qu'est-ce qu'on mange, aujourd'hui : des œufs ou du poisson pané ? Qu'est-ce que c'est, exactement ? D'où ça vient ?

C'est quoi, les céréales ?

Ce sont les graines de plantes comme le blé, le riz, le maïs. Elles servent aussi à faire la farine pour le pain, les pâtes...

Comment se forment les glaçons ?

Quand il fait moins de 0 °C, comme dans le congélateur, l'eau devient solide et se transforme en glace.

Peut-il y avoir un poussin dans un œuf ?

Non, les poules qui pondent les œufs que nous mangeons ne rencontrent jamais de coq pour se reproduire : elles n'ont donc jamais de poussin !

Avec quoi sont faites les pâtes ?

Avec de la farine et de l'eau. Le mélange obtenu est coupé, séché, puis emballé.

Comment sont faits les poissons panés ?

Avec de la chair de poisson trempée dans de l'œuf et de la biscotte écrasée.

Pourquoi l'eau qui bout fait-elle des bulles ?

Parce que l'eau très chaude se transforme en gaz et l'air s'échappe en formant des bulles.

D'où vient le miel ?

Du pollen, une poudre que les abeilles ramassent sur les fleurs, puis qu'elles déposent dans la ruche. Cette poudre jaune, mélangée à la salive d'autres abeilles, deviendra du miel.

Cherche dans l'image !

du basilic

du miel

une pomme

7

La chambre

C'est là que tu aimes t'amuser, parmi les meubles et les jouets. Tous ces objets sont différents : ils sont doux, mous, brillants, fragiles... Comment sont-ils faits ?

De quel animal viennent les plumes de mon oreiller ?

Ce sont de petites plumes de canard, qu'on appelle duvet. Parfois, l'oreiller est rempli de mousse et non de plumes.

En quoi est faite ma poupée ?

En plastique, comme beaucoup de jouets. En effet, ce matériau est solide, léger, lavable, et peut prendre toutes les formes.

Pourquoi mes bottes sont-elles imperméables ?

Parce qu'elles sont en caoutchouc. Cette matière est fabriquée avec la sève d'un arbre, l'hévéa : elle ne laisse donc pas passer l'eau.

8

La poussière, c'est quoi ?

C'est une poudre très légère qui flotte dans l'air. Elle est formée de tout petits morceaux de matière, comme la terre.

D'où vient le papier des livres ?

Il vient des arbres. Lorsqu'on coupe des planches pour faire des meubles, il reste toujours des petits morceaux de bois. On les écrase avec de l'eau pour obtenir de la pâte à papier.

Cette pâte est aplatie et séchée pour fabriquer des feuilles de papier.

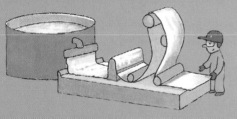

Enfin, les feuilles sont assemblées pour faire un livre.

Pourquoi je me vois dans le miroir ?

Parce que ton image se reflète sur une feuille argentée collée derrière la vitre.

Cherche dans l'image !

un lion en peluche

des chaussures

un peigne

La salle de bains

Pour te laver, tu utilises du savon, bien sûr, mais aussi du shampoing, du dentifrice... Connais-tu les secrets de ces produits qui t'aident à rester propre ?

Y a-t-il des fraises dans le dentifrice à la fraise ?

Non, il y a du colorant rose et un arôme à la fraise qui plaît aux enfants.

Pourquoi je ne me vois plus dans le miroir ?

Parce que l'eau chaude du bain produit de la vapeur, qui se dépose en gouttes minuscules et recouvre le miroir : c'est la buée qui empêche de voir.

Pourquoi le canard flotte-t-il ?

Car il est en plastique et rempli d'air : ça le rend donc plus léger que l'eau.

Pourquoi le shampoing fait-il de la mousse ?

Parce qu'il contient du savon. En frottant, on y fait entrer de l'air qui forme des bulles. Et toutes ces bulles donnent de la mousse.

Quand on plonge une bouteille dans l'eau, pourquoi fait-elle des bulles ?

Parce que l'air enfermé dans la bouteille est chassé par l'eau. Il remonte alors à la surface sous forme de bulles.

D'où vient le coton ?

Du cotonnier, un arbre qui pousse dans les pays chauds. Ses graines sont entourées de fils blancs, le coton.

D'où viennent les éponges ?

De la mer ! À l'origine, elles provenaient d'un animal. Maintenant, elles sont en tissu.

Cherche dans l'image !

une brosse à dents

un savon

un collier

11

La maison

De la cave au grenier, de la chambre à la cuisine, du salon à la salle de bains, la maison cache plein de tuyaux et de fils qui amènent l'eau, le gaz, l'électricité...

D'où vient l'eau du robinet ?

Des lacs et des rivières. Elle voyage dans de gros tuyaux jusqu'à la maison.

Où va l'eau des toilettes ?

Des tuyaux la conduisent jusqu'à une usine de nettoyage. Une fois qu'elle est propre, elle est rejetée dans la nature.

D'où vient la flamme de la cuisinière ?

Elle vient du gaz qui s'enflamme lorsqu'on approche du feu. Ce gaz sort soit d'une grosse bouteille cachée dans un placard, soit de tuyaux reliés à une usine.

Comment la lampe donne-t-elle de la lumière ?

Grâce à l'électricité, qui arrive par des fils cachés dans les murs. En appuyant sur l'interrupteur, on la laisse passer ou on la bloque.

Comment la voix sort-elle du téléphone ?

La voix est transportée par une onde qui se déplace très vite dans l'espace. Un satellite capte les ondes et peut les envoyer à l'autre bout du monde.

Pourquoi ne faut-il pas mettre les doigts dans les prises ?

C'est très dangereux, car l'électricité arrive par là. Elle peut te brûler gravement ou même te tuer.

Cherche dans l'image !

un pot de fleurs

un chat

une aubergine

Est-ce que la dame est vraiment dans la télé ?

Non ! Ce qu'on voit sur l'écran est une image captée par une antenne.

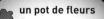

Dans le potager

Sur les arbres ou dans la terre, les fruits, les légumes et les fleurs ont tous des couleurs, des odeurs et des formes différentes ! Comment poussent-ils dans le jardin ?

D'où viennent les fleurs ?

Les graines sont plantées par le jardinier, apportées par le vent ou bien déposées par les oiseaux. Elles ont besoin de terre, d'eau et de chaleur pour donner des fleurs.

À quoi servent les pépins et les noyaux ?

Ils contiennent le bébé plante, appelé « germe ». On les met dans la terre pour avoir de nouveaux arbres.

Les fruits poussent-ils tous sur un arbre ?

Oui, presque tous. Mais certains, comme les fraises, grandissent près du sol.

Est-ce que les bananes poussent sur un arbre ?

Non, car le bananier n'est pas un arbre. C'est une herbe tellement géante que sa tige est grosse comme un tronc !

Pourquoi les fruits et les légumes pourrissent-ils ?

Parce que, lorsqu'on les laisse à l'air libre trop longtemps après les avoir cueillis, leur peau s'abîme et ne les protège plus contre les microbes.

Pourquoi les pommes de terre poussent-elles dans la terre ?

Parce que ce sont des racines, comme les carottes ou les radis.

Cherche dans l'image !

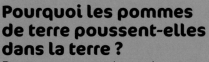

une hirondelle

un potiron

une taupe

Le square

Tu te caches derrière les arbres, tu construis des châteaux de sable, tu fais voguer ton bateau dans le bassin... il y a tant de choses à explorer dans le square !

D'où vient le sable ?
Des roches usées par le vent ou par la pluie, et réduites en poudre au fil du temps.

D'où vient le métal de la grille ?
Le métal se forme dans les roches sous la terre. Pour le récupérer, il faut creuser très profondément le sol. Dans une usine, il sera ensuite transformé en objets.

Pourquoi le bois flotte-t-il ?
Car il contient beaucoup d'air. Même si c'est un morceau très grand et très lourd, il reste à la surface de l'eau !

D'où vient la pluie ?

De l'eau de la mer. Quand elle s'évapore au soleil, d'invisibles gouttes d'eau montent dans le ciel et forment un nuage qui est poussé par le vent. S'il rencontre de l'air froid, le nuage crève et il pleut.

Peut-on marcher sur un nuage ?

Non ! Un nuage, ce n'est que de l'air, formé de milliers de gouttes d'eau suspendues dans le ciel !

C'est quoi, les ronds sur le tronc d'arbre ?

Chaque année, le tronc se couvre d'une nouvelle couche qui laisse la trace d'un rond. Les vieux arbres ont donc beaucoup de ronds !

Pourquoi la mousse pousse-t-elle sous les pierres ?

Parce qu'elle a besoin de froid et d'humidité. Elle s'installe donc sur les parties des pierres qui reçoivent peu de soleil.

Cherche dans l'image !

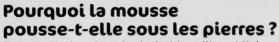

un papillon

un nichoir

un ballon

17

La laine

L'hiver, c'est agréable de pouvoir mettre des pulls, des manteaux et des écharpes pour avoir chaud. Mais d'où vient la laine ?

Où trouve-t-on la laine ?

Sur le dos des moutons. Les poils frisés de leur toison sont tondus chaque année par les bergers.

Pourquoi la laine tient-elle chaud ?

Car de l'air reste prisonnier entre les fils. Cela forme une barrière qui empêche le froid de passer.

Comment fait-on les habits ?

Des machines à tisser transforment le fil de laine en tissu. Le tissu est ensuite coupé et cousu.

Comment fabrique-t-on le fil de laine ?

Les toisons sont lavées, démêlées, peignées, étirées en fils qui sont enroulés sur des bobines.

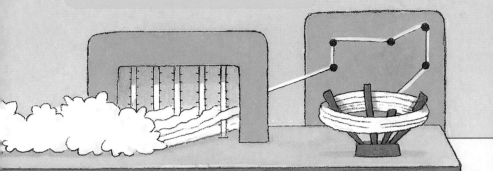

Pour mon pull rouge, il faut des moutons rouges ?

Non, la laine nettoyée est toujours blanche. Pour la colorer, on la plonge dans un bain de teinture bouillant.

Le mouton est-il le seul à donner de la laine ?

Non. Le lapin et la chèvre, le lama et l'agneau d'Asie donnent aussi de la laine.

le lapin

la chèvre

le lama

l'agneau d'Asie

N'y a-t-il que la laine qui tienne aussi chaud ?

Non, il y a le polaire, un tissu fabriqué avec des fils de plastique très fins. Il y a aussi la peau et la fourrure des animaux. Dans le Grand Nord, les Inuits utilisent la peau des rennes et des phoques et la fourrure des ours.

Cherche dans l'image !

des ciseaux

une bobine verte

un bonnet

Le lait

Tous les bébés mammifères boivent du lait, comme toi !
Mais que se passe-t-il avant qu'il n'arrive dans ton bol
au petit-déjeuner ?

D'où vient le lait ?
Toutes les mamans mammifères
en produisent pour nourrir leurs bébés.

**Comment tire-t-on
le lait de la vache ?**
Une machine, la trayeuse, aspire
le lait des mamelles. Le fermier
peut aussi traire à la main.

Comment le lait arrive-t-il dans le magasin ?

Il fait un long chemin ! Il est transporté en camion jusqu'à l'usine. Une fois mis en bouteilles, il sera livré au magasin où tu pourras l'acheter.

Comment le lait est-il mis en bouteilles ?

À l'usine, le lait circule dans des tuyaux jusqu'à des robinets qui remplissent des bouteilles ou des briques.

Que fait-on avec le lait ?

Du beurre, de la crème, des yaourts, du fromage : ce sont des produits laitiers.

Pourquoi y a-t-il des trous dans l'emmenthal ?

L'emmenthal, c'est du lait qu'on laisse mûrir longtemps pour qu'il devienne une pâte. Pendant ce repos, le gaz contenu dans la pâte fait des bulles qui éclatent et laissent des trous.

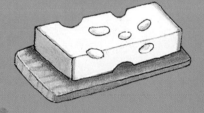

Comment obtient-on du fromage ?

Avec du lait caillé, un lait qu'on laisse longtemps à l'air libre et qui se transforme en pâte.

Cherche dans l'image !

un chaton

une chèvre

du gruyère

Le sucre

Le sucre est présent dans les fruits de façon naturelle, mais dans les gâteaux ou les bonbons, il y est ajouté. Découvre comment sont fabriquées ces sucreries !

Pourquoi la confiture est-elle sucrée ?

Parce qu'elle est faite avec des fruits déjà sucrés. Et, pour la conserver, on ajoute encore du sucre à la cuisson.

C'est quoi, le caramel ?

C'est un mélange d'eau et de sucre que l'on fait cuire doucement. Quand il devient marron, c'est du caramel.

Y a-t-il du sucre de couleur pour les bonbons ?

Non, ce sont des colorants qui rendent les bonbons verts, roses ou bleus.

Comment faire du pop-corn ?

Avec des grains de maïs. Ils éclatent lorsqu'ils sont chauffés et on les enrobe de caramel.

D'où vient le sucre ?

Il vient des plantes : de la tige de canne dans les pays chauds ou de la racine de betterave dans les pays froids.

Pourquoi y a-t-il différentes sortes de sucre ?

Car on choisit le sucre en fonction de ce qu'on veut en faire : c'est pourquoi on fabrique du sucre en morceau ou en poudre, du sucre blanc ou du sucre roux, par exemple !

D'où vient la barbe à papa ?

C'est du sucre liquide et chaud qui, en passant par les trous d'une machine, forme les fils de la barbe à papa.

cherche dans l'image !

un bonbon

une gaufre

une sucette

Le chocolat

Le chocolat est le roi des desserts et des goûters.
Mais qui le fabrique ? Le pâtissier ? Pas du tout ! Le chocolat
parcourt un long chemin avant d'arriver à la pâtisserie.

C'est quoi, le chocolat ?

C'est de la pâte de cacao mélangée
avec du sucre et d'autres ingrédients :
du beurre de cacao, du lait, des noisettes...

Comment est fait le chocolat blanc ?

Avec du lait, du sucre et du beurre
de cacao, de couleur blanche. Mais,
contrairement aux autres chocolats,
il ne contient pas de pâte de cacao
marron.

Pourquoi y a-t-il des chocolats marron foncé ou marron clair ?

Cela dépend de la quantité de lait
qu'ils contiennent. Plus on met
de lait, plus ils sont clairs.

Pourquoi le chocolat fond-il à la chaleur ?

Au départ, le chocolat est une pâte chaude qui durcit en refroidissant. Quand il fait chaud, il redevient liquide.

D'où vient le cacao ?

Il vient du cacaoyer qui pousse dans les régions chaudes et humides, en Afrique et en Amérique du Sud. Son fruit, la cabosse, contient de petites graines qui serviront à faire le cacao.

Est-ce la poule qui pond les œufs en chocolat ?

Non, bien sûr ! Le pâtissier verse le chocolat chaud dans un moule qui lui donne sa forme d'œuf.

Que fait-on des graines de cacao ?

On les retire du fruit et on les met à sécher. Ensuite, on les chauffe pour qu'elles donnent de la pâte et du beurre de cacao.

Cherche dans l'image !

un ruban

un fouet

une poule en chocolat

La ville

Tout ce que tu vois en ville a été construit ou installé par les hommes : les maisons, les rues, les trottoirs, les feux de circulation...

Pourquoi les immeubles tiennent-ils debout ?

Parce qu'ils sont construits sur un terrain très solide et sont faits en pierre, en béton ou en brique.

Comment est fabriqué le verre des fenêtres ?

C'est une pâte transparente à base de sable qui a été chauffée et fondue. Elle est ensuite aplatie et découpée.

De quoi est fait le sol dans la rue ?

D'un mélange de cailloux, de sable et de bitume. Le bitume est un liquide de couleur foncée qui devient très dur en refroidissant.

Pourquoi l'avion laisse-t-il une traînée blanche ?

Parce que son moteur rejette des gaz contenant des gouttes d'eau. Dans l'air très froid du ciel, cette eau se transforme en glace.

C'est quoi, l'essence ?

Elle est fabriquée à partir du pétrole, une huile qu'on trouve sous terre. Comme c'est une source d'énergie rare et polluante, on cherche d'autres moyens pour faire rouler les voitures.

Où va l'eau de pluie du caniveau ?

Elle coule jusqu'à la bouche d'égout, un trou qui la reçoit et qui la conduit par des tuyaux jusqu'au bassin d'épuration. Là, elle est nettoyée et rejetée dans la nature.

Qui fait changer la couleur des feux ?

C'est un ordinateur qui fait varier les feux chacun leur tour : le petit bonhomme est vert pour les piétons quand le feu est rouge pour les voitures, puis le contraire.

Cherche dans l'image !

une truelle

un avion

une poubelle

Le sais-tu ?

D'où vient le sel ?

On le ramasse sous la terre ou bien dans la mer.
S'il vient de la mer, on fait entrer l'eau
dans des bassins : les marais salants. Le soleil
et le vent font disparaître l'eau et il ne reste
que le sel, qu'on ramasse avec de grands râteaux.

Qu'est-ce qui fait rouler les trains ?

C'est l'électricité. Bientôt, certains trains fonctionneront
grâce à des éoliennes, des sortes de moulins dont les ailes
tournent avec le vent et produisent de l'énergie.

Pourquoi la soie est-elle si douce ?

Parce que le fil de soie est très fin : il est
fabriqué par une toute petite chenille,
le ver à soie. Pour faire son cocon,
la chenille laisse couler un fil de bave
qui durcit à l'air et devient très solide.
Puis elle se cache dedans et se transforme
en papillon.
On utilise ensuite
la soie laissée
par la chenille
pour faire
du tissu.

Pourquoi y a-t-il des bulles dans le soda ?

Parce qu'elles ont été ajoutées lors de la fabrication, mais il existe aussi des boissons qui pétillent naturellement !

Comment naît un arc-en-ciel ?

La lumière du jour, qu'il fasse beau ou non, contient toutes les couleurs de l'arc-en-ciel. Quand l'air est mouillé et que le soleil se reflète sur les minuscules gouttes d'eau contenues dans l'air, on peut admirer toutes ces couleurs.

Pourquoi faut-il trier les objets que l'on jette ?

Parce que cela permet de les faire fondre ou de les broyer. On réutilise cette matière pour fabriquer des objets tout neufs !

Le verre

Le plastique

Le papier et le carton

Le métal